Tobias Helms

Brauchen wir ein drittes Geschlecht?

Schriftenreihe der Juristischen Gesellschaft zu Berlin

Heft 193

Tobias Helms

Brauchen wir ein drittes Geschlecht?

Reformbedarf im deutschen (Familien-)Recht nach Einführung des neuen § 22 Abs. 3 PStG

Aktualisierte Fassung eines Vortrages, gehalten am 12. November 2014 vor der Juristischen Gesellschaft zu Berlin

DE GRUYTER

Dr. Tobias Helms

Universitätsprofessor an der Philipps-Universität Marburg

ISBN 978-3-11-044181-9
e-ISBN (PDF) 978-3-11-043570-2
e-ISBN (EPUB) 978-3-11-043346-3

Library of Congress Cataloging-in-Publication Data
A CIP catalogue record for this book has been applied for at the Library of Congress.

Bibliografische Information der Deutschen Nationalbibliothek
Die Deutsche Nationalbibliothek verzeichnet diese Publikation in der Deutschen Nationalbibli-
ografie; detaillierte bibliografische Daten sind im Internet über
http://dnb.dnb.de abrufbar.

© 2015 Walter de Gruyter GmbH, Berlin/Boston
Druck und Bindung: Hubert und Co. GmbH & Co. KG, Göttingen
♾ Gedruckt auf säurefreiem Papier
Printed in Germany

www.degruyter.com

Inhalt

§ 1 Einleitung

I Binäre soziale Geschlechterordnung

Im Alltagsleben wird die Zuordnung eines jeden Menschen zum weiblichen oder männlichen Geschlecht unreflektiert als naturgegebene Selbstverständlichkeit angesehen. Erhalten wir von Verwandten oder Freunden die Nachricht, dass sie Nachwuchs erwarten, ist eine der ersten Fragen: „Junge oder Mädchen?" Begegnen wir einem Menschen das erste Mal, ordnen wir ihn automatisch in eine der beiden Geschlechterkategorien ein, noch bevor wir seinen Namen kennengelernt oder das erste Mal mit ihm gesprochen haben. Gelingt uns diese Geschlechtszuordnung nicht auf Anhieb, löst dies bei uns Irritationen aus, die uns im wahrsten Sinne des Wortes sprachlos machen. Denn eine persönliche Anrede ohne Verwendung der Wörter Frau oder Herr kennt die deutsche Sprache nicht. Ein Leben ohne Geschlechtszuordnung können wir uns im Grunde nicht vorstellen.

Das binäre Geschlechtersystem ist in der Kultur- und Menschheitsgeschichte tief verwurzelt. So heißt es bekanntlich in der Schöpfungsgeschichte im 1. Kapitel des 1. Buchs Mose, Vers 27:

> Gott schuf den Menschen nach seinem Bilde, [...] er schuf ihn als Mann und Frau.

Die Anziehungskraft zwischen den Geschlechtern ist die evolutionsbiologische Grundlage für die Erhaltung der menschlichen Spezies. Sie prägt unser Paarungs- und Sozialverhalten und bis zu einem gewissen Grad auch nach wie vor gesellschaftliche Organisations- und Machtstrukturen. Gleichwohl hat kulturgeschichtlich stets auch ein gewisses Bewusstsein dafür existiert, dass es Menschen gibt, die sich nicht in die üblichen Geschlechterkategorien einordnen lassen. Paradigmatischer Ausdruck dafür ist etwa die Figur des Hermaphroditen, die nach dem griechischen Mythos durch die Verschmelzung der Quellennymphe Salmakis mit dem Sohn des Hermes und der Aphrodite entstand.[1]

---

1 Vgl. dazu ausführlich *Wacke*, FS Rebmann, 1989, S. 874 f.

II Intersexualität aus medizinischer Sicht

Im heutigen medizinischen und juristischen Sprachgebrauch ist freilich nicht mehr von Hermaphroditen, sondern von Intersexuellen die Rede. Dabei liegt Intersexualität aus medizinischer Sicht dann vor, wenn die Zuordnung einer Person zum männlichen oder weiblichen Geschlecht zweifelhaft ist, weil geschlechtsbestimmende körperliche Merkmale vorhanden sind, die sowohl typisch weibliche als auch typisch männliche Ausprägungen aufweisen.[2] Solche geschlechtsbestimmenden körperlichen Merkmale sind vor allem die Chromosomen (zwei X-Chromosomen für das weibliche Geschlecht und die Kombination von X- und Y-Chromosom für das männliche Geschlecht), dann die Keimdrüsen (also Eierstock oder Hoden), die Hormone (allgemein bekannt sind vor allem Testosteron als männliches und Östrogene als weibliche Sexualhormone) sowie die äußeren Geschlechtsorgane. Unter der Fülle an unterschiedlichen Erscheinungsformen von Intersexualität sei kurz auf drei häufiger vorkommende Varianten hingewiesen:

(1) Bei den sog. XY-Frauen liegt ein regulärer männlicher Chromosomensatz vor, doch kann dieser aufgrund eines genetischen Defekts seine üblichen Wirkungen nicht entfalten, so dass sich kein Hoden, sondern eher weibliche innere und äußere Geschlechtsorgane entwickeln. Dem äußeren Erscheinungsbild nach werden XY-Frauen bei der Geburt typischerweise dem weiblichen Geschlecht zugeordnet, doch stellt sich in der Pubertät dann regelmäßig heraus, dass ihre Keimdrüsen nicht funktionsfähig sind.[3]

(2) Im Falle einer sog. Androgeninsensitivität können aufgrund einer Mutation die männlichen Sexualhormone (Androgene) ihre Wirkung nicht entfalten. Dann kommt das Kind, das einen männlichen Chromosomensatz besitzt, mit weiblichen Genitalien auf die Welt. In der Pubertät stellt sich dann heraus, dass das Kind keinen Uterus besitzt, dafür aber Hoden, die meist im Bauchraum liegen.[4]

(3) Besonders häufig ist das sog. adrenogenitale Syndrom (AGS). Hier liegt ein weiblicher Chromosomensatz vor, doch aufgrund einer Mutation kommt es zu einer Überproduktion männlicher Sexualhormone. Bereits während der Schwangerschaft tritt eine Vermännlichung der äußeren Geschlechtsorgane des Embryos ein, so dass sich etwa die Klitoris in penisähnlicher Form ver-

---

2 Vgl. etwa *Böcker/Denk/Heitz/Höfler/Kreipe/Moch* (Hrsg.) Pathologie, 5. Aufl. 2012, S. 730; Pschyrembel, Klinisches Wörterbuch, 266. Aufl. 2015, Stichwort „Intersexualität".
3 BT-Drucks. 17/9088, S. 14 (Häufigkeit 1:30.000).
4 BT-Drucks. 17/9088, S. 14 (Häufigkeit 1:20.000).

größert. In der Regel besitzen die Betroffenen aber alle weiblichen Geschlechtsorgane und sind bei hormoneller Behandlung fortpflanzungsfähig.[5]

Die hier beispielhaft beschriebenen atypischen Ausprägungen des biologischen Geschlechts sind in aller Regel nicht lebensbedrohlich, doch kann in manchen Fällen ein signifikant erhöhtes Tumorrisiko bestehen.[6]

Von Intersexualität zu unterscheiden ist Transsexualität: Transsexualität liegt dann vor, wenn die körperlichen Merkmale eine eindeutige Zuordnung zum weiblichen oder männlichen Geschlecht erlauben, aber nicht mit dem psychischen Zugehörigkeitsgefühl übereinstimmen.[7]

Schätzungen zufolge gibt es in Deutschland 8.000 bis 10.000 intersexuelle Menschen und werden jährlich zwischen 150 bis 340 intersexuelle Kinder geboren,[8] das wäre jedes 4000. bis 2000. Kind, wobei teilweise auch deutlich höhere Zahlen genannt werden.[9]

Ein zentrales Problem besteht darin, dass die Herangehensweise der Medizin an das Phänomen der Intersexualität in der Vergangenheit teilweise durch gravierende Fehleinschätzungen geprägt wurde. Erheblichen Einfluss besaßen die Werke des medizinischen Psychologen und Sexualforschers *John Money*, der in den 1950er Jahren die These vertrat, dass die Geschlechtsidentität eines Menschen vor allem sozial geprägt sei. Um intersexuellen Kindern die Entwicklung einer stabilen Geschlechtsidentität zu ermöglichen, sprach er sich daher für möglichst frühzeitige geschlechtsanpassende Operationen aus. Um die Selbstwahrnehmung der Betroffenen nicht ins Wanken zu bringen, hielt man es sogar für gerechtfertigt, sie über die vorgenommenen Eingriffe auch später nicht aufzuklären. Dabei wurden teilweise nicht einmal die Eltern über die genaue Diagnose sowie Art und

---

5 BT-Drucks. 17/9088, S. 15 f. (Häufigkeit 1:10.000).

6 BT-Drucks. 17/9088, S. 12 ff.

7 BVerfGE 49, 268, 269; BVerfG StAZ 2011, 141, 142; *Spickhoff*, Medizinrecht 2011, § 1 TSG Rn. 4; *Will*, GS Constantinesco, 1983, S. 912.

8 MdB *Tauber*, Deutscher Bundestag, Plenarprotokoll 17/143 vom 24.11.2011, S. 17176 (A) und Plenarprotokoll 17/219 vom 31.1.2013, S. 27222 (B).

9 Pschyrembel, Klinisches Wörterbuch, 266. Aufl. 2015, Stichwort „Intersexualität" gibt eine Häufigkeit von 1:500 an; *Böcker/Denk/Heitz/Höfler/Kreipe/Moch* (Hrsg.) Pathologie, 5. Aufl. 2012, S. 730 – unter Einbeziehung auch der sog. Gonadendysgenie – sogar 1%. Die Schwierigkeiten rühren nicht zuletzt daher, dass keine medizinisch trennscharfe Definition von Intersexualität besteht (*Kolbe*, Intersexualität, Zweigeschlechtlichkeit und Verfassungsrecht, 2010, S. 29; vgl. auch http://www.sexualforschung-hamburg.de/27.html: Stichwort „Intersexualität" – zuletzt besucht am 23.3.2015).

Umfang der Eingriffe informiert.[10] Diese Vorgehensweise hat sich – unabhängig von ihrer rechtlichen Fragwürdigkeit – auch medizinisch als dramatische Fehleinschätzung erwiesen, die zu großem Leid geführt hat. Insbesondere kann durch geschlechtsanpassende Operationen die sexuelle Empfindsamkeit zerstört und eine lebenslange Hormonersatztherapie mit gravierenden Nebenwirkungen erforderlich werden.[11] Viele Betroffene leiden unter dem Gefühl, gegen ihren Willen körperlich verstümmelt worden zu sein.[12] Heutzutage werden geschlechtsanpassende Operationen sehr viel zurückhaltender bewertet,[13] wobei manche medizinische Experten so weit gehen würden, sie während der Minderjährigkeit von Intersexuellen – mit Ausnahme von Notfällen – komplett auszuschließen. Problematisch ist allerdings, dass sich allgemein akzeptierte Behandlungsstandards noch nicht etablieren konnten.[14]

III Haltung des Rechts

Angesichts der binären Geschlechterordnung der sozialen Lebenswirklichkeit fällt die rechtliche Bewältigung von Intersexualität naturgemäß schwer. Doch haben sich historisch gesehen Juristen und Gesetzgeber mit dem Personenstand sog. Zwitter durchaus beschäftigt. Dabei darf nicht vergessen werden, dass in früheren Zeiten die Zuordnung zum weiblichen oder männlichen Geschlecht viel weiter reichende Auswirkungen auf den rechtlichen Status hatte, als das heute der Fall ist.[15]

Auch die Verfasser des Bürgerlichen Gesetzbuches haben die rechtliche Einordnung von Intersexuellen in die Geschlechterkategorien erörtert.[16] Auf eine eigenständige Regelung wurde allerdings bewusst verzichtet. Dabei ging man von der medizinisch unzutreffenden Prämisse aus, dass jeder Intersexuelle entweder „ein geschlechtlich mißbildeter Mann oder ein geschlechtlich mißbildetes Weib"[17] sei und daher objektiv eigentlich seinem „überwiegenden" Geschlecht zugeordnet werden könne. Bewusst war man sich allerdings, dass die Aufdeckung des

---

10 BT-Drucks. 17/9088, S. 16 f. vgl. etwa auch *Coester-Waltjen*, JZ 2010, 852, 855.
11 Zu den Wirkungen medizinischer Therapien BT-Drucks. 17/9088, S. 19 f.
12 BT-Drucks. 17/9088, S. 21 ff.; vgl. auch *Sinnecker*, Kinder- und Jugendarzt 2014, 24, 36.
13 *Sinnecker*, Kinder- und Jugendarzt 2014, 24, 35 f. „meist keinen medizinischen Grund".
14 BT-Drucks. 17/9088, S. 19 f.; vgl. auch Leitlinien der Gesellschaft für Kinderheilkunde und Jugendmedizin, Störungen der Geschlechtsentwicklung, 027/022 vom 12. Mai 2011, Unterpunkt „Chirurgische Therapie".
15 Ausführlich *Wacke*, FS Rebmann, 1989, S. 861 ff.
16 Vgl. dazu *Wacke*, FS Rebmann, 1989, S. 870 f.
17 Mot. I, S. 26, bei Mugdan, Die gesammten Materialien zum Bürgerlichen Gesetzbuch, Band I, 1899, S. 370.

„wahren Geschlechts" nach dem damaligen Stand der Medizin zu Lebzeiten des Betreffenden nicht immer möglich sein würde. Regelungsbedarf sah man insofern allerdings keinen. Es sei ratsam, „von solchen entfernten Möglichkeiten, mit welchen auch das bisherige Recht nicht rechnet, abzusehen".[18]

Demgegenüber hatte beispielsweise noch das – allerdings auch deutlich detailverliebtere – Preußische Allgemeine Landrecht[19] in Teil I Tit. 1 § 19 festgelegt, dass in erster Linie die Eltern bestimmen, in welchem Geschlecht ein Zwitter erzogen werden soll. Nach Vollendung des 18. Lebensjahres wurde den Betroffenen aber das Recht zugestanden, selbst wählen zu können, nach welchem Geschlecht ihre Rechtsstellung in Zukunft beurteilt werden sollte (§ 20), wobei diese Entscheidung als unabänderlich angesehen wurde.[20] Die Rechtsstellung Dritter sollte durch die Wahl der Eltern oder des Betroffenen nicht berührt werden, vielmehr hatten Dritte das Recht, auf einer Entscheidung durch einen Sachverständigen zu bestehen (§§ 22, 23).

Auch in ausländischen Rechtsordnungen finden sich nur vereinzelt Regeln, die spezifisch auf Intersexuelle zugeschnitten sind. So kann nunmehr beispielsweise in australischen Pässen[21] anstatt „weiblich" oder „männlich" das Geschlecht auch mit einem „X" angegeben werden, dabei steht „X" für „indeterminate/unspecified/intersex". Voraussetzung dafür ist keine vorherige Änderung der Geburtsurkunde, sondern lediglich die Vorlage eines von einem Mediziner oder Psychologen ausgefüllten Formblatts, das die Intersexualität bescheinigt.[22] Noch weiter geht das neuseeländische Recht, das eine entsprechende Geschlechtsangabe in Pässen bereits aufgrund einer Selbstauskunft einträgt.[23] Dabei entspricht die Angabe des Geschlechts durch den Buchstaben „X" den Standards der International Civil Aviation Organisation (ICAO). Diese sehen im Übrigen auch vor, dass das Geschlecht eines von vier zwingenden persönlichen Identifizierungsmerkmalen ist, die in einem Reisepass enthalten sein müssen.[24]

---

18 Mot. I, S. 26, bei Mugdan, Die gesammten Materialien zum Bürgerlichen Gesetzbuch, Band I, 1899, S. 370.

19 Vgl. dazu *Wacke*, FS Rebmann, 1989, S. 887 f.

20 *Wacke*, FS Rebmann, 1989, S. 888.

21 Rechtsvergleichende Hinweise zur Anerkennung eines dritten Geschlechts vor allem für Eintragungen in Personalausweisen und Reisepässen in Nepal, Indien, Pakistan und Australien bei *Bochenek/Knight*, Emory International Law Review 26 (2012) 11.

22 Vgl. https://www.passports.gov.au/web/sexgenderapplicants.aspx (zuletzt besucht am 23. 3. 2015).

23 Dort ist nur für Minderjährige die Vorlage einer ärztlichen Bescheinigung erforderlich, im Übrigen reicht die Angabe, seit wann man in seinem gegenwärtigen Geschlecht („gender identity") gelebt hat, http://www.passports.govt.nz/Transgender-applicants (zuletzt besucht am 23. 3. 2015).

24 Vgl. etwa *Sieberichs*, FamRZ 2013, 1180, 1183.

Die besonders unkomplizierten Regeln für die Änderung der Geschlechtsangabe in australischen und neuseeländischen Passdokumenten scheinen aber
auf die personenstandsrechtliche Geschlechtszugehörigkeit keine Auswirkungen
zu haben.[25] Auf jeden Fall hat jüngst der australische High Court nur unter den
strengen Voraussetzungen, die eigentlich für eine Änderung der Geschlechtszugehörigkeit bei Transsexuellen gelten,[26] auch Intersexuellen gestattet, in ihre
Geburtsurkunde die Geschlechtsangabe „non-specific" (unbestimmt) eintragen
zu lassen. Wenig Sympathien zeigte der High Court in diesem Zusammenhang
gegenüber einem obiter dictum der Vorinstanz, die wahlweise auch die Eintragung
von „intersex", „transgender" oder „androgynous" erlauben wollte.[27] In Europa
sind mir lediglich Regelungen aus Belgien und den Niederlanden bekannt, die in
eine ähnliche Richtung gehen wie das neue deutsche Recht und bei Geburt eines
intersexuellen Kindes die Möglichkeit eröffnen, die Angabe des Geschlechts
vorübergehend oder dauerhaft offenzulassen.[28]

In der deutschen familienrechtlichen Diskussion wurde Intersexualität bislang kaum Beachtung geschenkt. Stärker in den Fokus des öffentlichen Interesses
ist die Problematik erst gerückt, seitdem der Deutsche Ethikrat am 14. Februar 2012
eine Stellungnahme zu diesem Thema abgegeben hat und dabei weitreichende
Reformen des deutschen Personenstands- und Familienrechts vorgeschlagen
hat.[29] Nach einer öffentlichen Anhörung im Bundestag am 25. Juni 2012 durch den

---

25 Für Neuseeland vgl. den Abschnitt „The gender details recorded on your New Zealand birth
record" auf der Homepage des Innenministeriums (http://www.passports.govt.nz/Transgender-ap
plicants) sowie die Informationen zur Änderung des Geschlechtseintrags in Geburtsurkunden im
Abschnitt „Recording sex as indeterminate" unter http://www.dia.govt.nz/diawebsite.nsf/Files/
GeninfoDeclarationsofFamilyCourt/$file/GeninfoDeclarationsofFamilyCourt.pdf (zuletzt besucht
am 23.3.2015).
26 Einer operativen Geschlechtsumwandlung wurden geschlechtsanpassende Maßnahmen
gleichgestellt, die nach Angaben des Betroffenen und zweier Ärzte zu keiner eindeutigen Geschlechtszugehörigkeit geführt hatten.
27 NSW Registrar of Births, Deaths and Marriages v. Norrie [2014] HCA 11 vom 2. April 2014 –S 273/
2013, Rn. 26, 31 und 34 (im Internet abrufbar).
28 In Belgien kann nach Art. 57 Nr. 1 Code civil bei Geburt eines intersexuellen Kindes die Bestimmung des Geschlechts – allerdings nur innerhalb der ersten drei Monate – unter Vorlage eines
ärztlichen Attests nachgeholt werden (abgedruckt bei *Pintens* in: Bergmann/Ferid/Henrich, Internationales Ehe- und Kindschaftsrecht, Belgien, Stand: 2011, S. 82). Noch weiter geht in den
Niederlanden Art. 19d Abs. 3 B.W., der die Möglichkeit eröffnet, für ein Kind, dessen Geschlecht
nicht innerhalb von drei Monaten nach der Geburt angegeben worden ist, eine Geburtsurkunde
ohne Angabe des Geschlechts auszustellen (abgedruckt bei *Weber* in: Bergmann/Ferid/Henrich,
Internationales Ehe- und Kindschaftsrecht, Niederlande, Stand: 2008, S. 84).
29 Stellungnahme des Deutschen Ethikrates zum Thema Intersexualität, BT-Drucks. 17/9088.

Ausschuss für Familie, Senioren, Frauen und Jugend[30] hat der Gesetzgeber das bereits kurz vor seinem Abschluss stehende Gesetzgebungsverfahren zum Erlass des Personenstandsrechts-Änderungsgesetzes genutzt und einen neuen § 22 Abs. 3 in das Personenstandsgesetz (PStG) eingefügt, der am 1. November 2013 in Kraft getreten ist.[31] § 22 Abs. 3 PStG lautet:

> Kann das Kind weder dem weiblichen noch dem männlichen Geschlecht zugeordnet werden, so ist der Personenstandsfall ohne eine solche Angabe in das Geburtenregister einzutragen.

Im Reisepass ist dann das Geschlecht – wie in Australien oder Neuseeland – mit „X" anzugeben,[32] demgegenüber enthalten deutsche Personalausweise keine Geschlechtsangabe. Anlässlich der Debatte im Bundestag wurde die Reform des PStG nicht als abschließende Lösung, sondern als erster Schritt zur rechtlichen Bewältigung der durch Intersexualität aufgeworfenen Fragen charakterisiert.[33] Daher heißt es nunmehr auch im Koalitionsvertrag:

> Die durch die Änderung des Personenstandsrechts für intersexuelle Menschen erzielten Verbesserungen werden wir evaluieren und gegebenenfalls ausbauen und die besondere Situation von trans- und intersexuellen Menschen in den Fokus nehmen.[34]

---

30 http://www.bundestag.de/dokumente/textarchiv/2012/39209706_kw26_pa_familie/208696 (zuletzt besucht am 23. 3. 2015).

31 Art. 10 Abs. 2 Gesetz zur Änderung personenstandsrechtlicher Vorschriften vom 7. 5. 2013 (BGBl. I, S. 1122) (Nachweise zum Gesetzgebungsverfahren unter http://dipbt.bundestag.de/ex trakt/ba/WP17/451/45180.html – zuletzt besucht am 23. 3. 2015).

32 Allerdings gibt es im Passgesetz für diese Eintragung bisher keine Grundlage. Aufgrund des Anwendungsvorrangs des EU-Rechts ergibt sich die Zulässigkeit des Merkmaleintrages „X" unmittelbar aus der Verordnung (EG) Nr. 2252/2004 des Rates vom 13. Dezember 2004 iVm dem Dokument 9303 der ICAO (Internationale Zivilluftfahrtorganisation). Entsprechend Art. 1 Abs. 1 der Verordnung (EG) 2252/2004 iVm Punkt 2 des Anhangs „Mindestsicherheitsnormen für von den Mitgliedstaaten ausgestellte Pässe und Reisedokumente" ist das Dokument 9303 der ICAO für die Gestaltung und Inhalte der Personaldatenseite verbindlich. Nach Kapitel IV-11 lfd. Nr. 11/II ist bei nicht festgelegtem Geschlecht ein „X" einzutragen. Dies ist nach Kapitel IV-16 Ziffer 9.7 lfd. Nr. 21 in der maschinenlesbaren Zone (MRZ) bei nicht definiertem Geschlecht in ein „<" umzuwandeln (vgl. auch Appendix 6 zu Kapitel IV; IV-42). Aufgrund des Anwendungsvorrangs der EU-Verordnung muss das deutsche Passgesetz nicht zwingend angepasst werden. Es ist aber geplant, diesen Aspekt bei der nächsten Änderung des Passgesetzes zu berücksichtigen. Ich danke Frau Dr. Berkl für diesen Hinweis.

33 MdB *Tauber*, Deutscher Bundestag, Plenarprotokoll 17/219 vom 31.1. 2013, S. 27222 (D).

34 Koalitionsvertrag der 18. Legislaturperiode, S. 105 (http://www.bundesregierung.de/Content/ DE/StatischeSeiten/Breg/koalitionsvertrag-inhaltsverzeichnis.html – zuletzt besucht am 23.3. 2015).

Von *Prantl* wurde der neue § 22 Abs. 3 PStG in der Süddeutschen Zeitung als „juristische Revolution" gefeiert.[35] Besonders erwähnenswert ist vielleicht auch, dass die Reform im April 2014 vom Supreme Court of India in seinem Urteil zur Rechtsstellung der Gemeinschaft der sog. Hijra als Beleg für die weltweiten Bemühungen zum Abbau von Diskriminierungen der Transgender Community gewürdigt wurde.[36] Demgegenüber hatte eine Glosse in der Juristenzeitung nur Spott und Häme für die Reform übrig.[37]

Um die neue Regelung sachgerecht auslegen und ihre Tragweite einordnen zu können, sollte man sich zunächst kurz vergegenwärtigen, wie die bisherige personenstandsrechtliche Praxis mit dem Phänomen der Intersexualität umgegangen ist.

---

35 SZ vom 16. August 2013 (http://www.sueddeutsche.de/leben/geschlechter-im-deutschen-recht-maennlich-weiblich-unbestimmt-1.1747380 – zuletzt besucht am 23.3.2015).
36 Supreme Court of India, Writ Petition (Civil) No. 400 of 2012 vom 15. April 2014, Rn. 41 f. (im Internet abrufbar).
37 *Kohler*, JZ 2014, 459 ff.

§ 2 Personenstandsrechtliche Behandlung von Intersexualität

I Frühere personenstandsrechtliche Praxis

Die Geburt eines Kindes ist gem. § 18 S. 1 PStG binnen einer Woche dem zuständigen Standesamt anzuzeigen. Dabei war vor der Reform stets auch das Geschlecht des Kindes im Geburtenregister[38] zu beurkunden (§ 21 Abs. 1 Nr. 3 PStG). Nach der früheren personenstandsrechtlichen Praxis war bei Zweifeln an der Geschlechtszugehörigkeit die Bescheinigung eines Arztes oder einer Hebamme vorzulegen.[39] Die Bescheinigung hatte sich grundsätzlich an der überwiegenden Zugehörigkeit zum männlichen oder weiblichen Geschlecht zu orientieren,[40] doch bestand letztlich – mangels vorgegebener Zuordnungskriterien oder der Möglichkeit einer inhaltlichen Überprüfung durch den Standesbeamten – ein weitreichender Einschätzungsspielraum der Eltern und ihrer beratenden Ärzte.

Die Eintragung der Geschlechtszugehörigkeit besitzt – wie alle Eintragungen in das Personenstandsregister – keine konstitutive Wirkung, doch wird gem. § 54 Abs. 1 und 2 PStG vermutet, dass die Angaben zutreffend sind, so dass der Eintragung im Rechtsverkehr faktisch Bindungswirkung zukommt. Zeigte sich aufgrund der späteren Entwicklung des Kindes, dass sein Geschlecht falsch bestimmt worden war, konnte gem. § 48 Abs. 1 PStG das eingetragene Geschlecht auf Antrag (§ 48 Abs. 2 PStG) durch gerichtliche Anordnung berichtigt werden.[41] Dabei war in

---

38 Demgegenüber konnte eine Geburtsurkunde auch schon vor der Reform gem. § 59 Abs. 2 PStG auf Verlangen der Betroffenen ohne Geschlechtsangabe ausgestellt werden.

39 *Gaaz/Bornhofen*, 2. Aufl. 2010, § 21 PStG Rn. 28. Wenn *Gaaz/Bornhofen* schreiben, dass diese Bescheinigung für die Eintragung „maßgebend" sei, wird damit nicht impliziert, dass ihr rechtliche Bindungswirkung zukomme, sondern nur für den Standesbeamten klargestellt, dass es nicht auf seine persönliche Einschätzung ankommt und auch keine weiteren amtswegigen Ermittlungen erforderlich sind. An der Sache vorbei geht es daher, wenn der Deutsche Ethikrat kritisiert, die Bestimmung des Geschlechts richte sich nach der „äußeren körperlichen Beschaffenheit ... obwohl das Geschlecht eines Menschen neben der äußeren Erscheinungsform sowohl weitere biologische als auch psychosoziale Aspekte umfasst" (BT-Drucks. 17/9088, S. 42). Dabei wird verkannt, dass die kritisierten Bewertungsmaßstäbe auf die Beurteilung bei der Geburt abzielen. Demgegenüber ist bei zunehmendem Alter der Betroffenen die entscheidende Bedeutung ihres subjektiven Zugehörigkeitsgefühls durchaus anerkannt (vgl. Fn. 42).

40 OLG Naumburg StAZ 2002, 169, 170; KG NJW 1965, 1084; LG Frankenthal FamRZ 1976, 214, 215 ff.; *Grünberger*, StAZ 2007, 357, 358.

41 *Gaaz/Bornhofen*, 2. Aufl. 2010, § 21 PStG Rn. 29; OLG Zweibrücken StAZ 2003, 171, 172 mwN. Unzutreffend ist daher die Annahme von *Kolbe*, Intersexualität, Zweigeschlechtlichkeit und Verfassungsrecht, 2010, S. 96 der berichtigte Eintrag könne nicht wieder geändert werden, denn

der Rechtsprechung schon seit Längerem anerkannt, dass bei Intersexuellen für die Geschlechtszuordnung deren „seelischen Neigungen [...] besondere Bedeutung" zukommt.[42]

II Auswirkungen des neuen § 22 Abs. 3 PStG

Durch den neuen § 22 Abs. 3 PStG hat der Gesetzgeber nun die Möglichkeit eröffnet, bei der Geburt eines intersexuellen Kindes die Geschlechtsangabe im Geburtseintrag offenzulassen. Gesetzgeberisches Anliegen war es vor allem, den unheilvollen Druck von den Eltern intersexueller Kinder zu nehmen, diese möglichst frühzeitig auf ein bestimmtes Geschlecht festzulegen.[43] Gleichzeitig soll den betroffenen Eltern sowie den behandelnden Ärzten signalisiert werden, dass die Rechtsordnung und die Gesellschaft die Existenz von Intersexualität akzeptieren, keine Notwendigkeit besteht, übereilte Entscheidungen zu treffen, und ein Kind seine Identität und soziale Rolle auch „zwischen den Geschlechtern" finden kann.

Anwendbar ist § 22 Abs. 3 PStG auf alle Kinder, die als Intersexuelle geboren werden. Soweit die Vorschrift davon spricht, dass „ein Kind weder dem weiblichen noch dem männlichen Geschlecht zugeordnet werden [kann]", sind damit ausweislich der Gesetzesmaterialien alle Fälle gemeint, in denen eine solche Zuordnung nicht „zweifelsfrei" möglich ist.[44] Aus Sicht des registerführenden Standesbeamten ist dafür entscheidend, ob in der Geburtsanzeige eine Angabe

---

der Beschluss nach § 48 PStG erwächst angesichts der deklaratorischen Natur von Personenstandseintragungen nicht in materielle Rechtskraft (*Gaaz/Bornhofen*, 3. Aufl. 2014, § 48 PStG Rn. 18; *Johansson/Sachse*, Anweisungs- und Berichtigungsverfahren in Personenstandssachen, 1996, Rn. 1805).

42 OLG Naumburg StAZ 2002, 169, 170; KG NJW 1965, 1084; LG Frankenthal FamRZ 1976, 214, 215; AG Freiburg StAZ 1983, 16 f.; AG Hannover StAZ 1981, 240; LG Hamburg StAZ 1958, 128 f.; *Coester-Waltjen*, JZ 2010, 852, 855. Nicht immer leicht hiervon zu unterscheiden sind die Fälle, in denen Transsexualität vorliegt und eine Änderung des Geschlechts nur nach dem Transsexuellengesetz (TSG) möglich ist, vgl. etwa OLG Naumburg StAZ 2002, 169, 170. Die Anforderungen an eine Änderung des personenstandsrechtlichen Geschlechts nach dem Transsexuellengesetz sind durch BVerfG StAZ 2011, 141 ff. jedoch wesentlich erleichtert worden (vgl. auch BVerfG StAZ 2012, 80 f.), in diesem Zusammenhang hat das BVerfG auch klargestellt, dass es verfassungsrechtlich nicht zu beanstanden ist, „die personenstandsrechtliche Geschlechtsbestimmung von objektivierbaren Voraussetzungen abhängig" zu machen (StAZ 2011, 141, 145).

43 MdB *Jelpke*, Deutscher Bundestag, Plenarprotokoll 17/219 vom 31.1.2013, S. 27220 (C); *Bockstette*, StAZ 2013, 172 f.

44 Beschlussempfehlung und Bericht des Innenausschusses vom 30.1.2013, BT-Drucks. 17/12192, S. 11.

zum Geschlecht enthalten ist oder nicht (Nr. 22.2 PStG-VwV). Das Gesetz sieht keine Frist vor, bis zu der die Angabe des Personenstandes nachgeholt werden müsste.[45]

---

§ 22 Abs. 3 PStG ermöglicht es demnach einem Menschen, sein komplettes Leben ohne personenstandsrechtliche Festlegung des Geschlechts zu führen. Hierin besteht der eigentliche Paradigmenwechsel.

Schon vor der Reform wurde in der personenstandsrechtlichen Praxis bei intersexuellen Kindern die Eintragung in das Geburtenregister gelegentlich ohne Geschlechtsangabe vorgenommen und diese dann erst später nachgetragen. Nun erkennt das Gesetz aber implizit an, dass eine Zuordnung zum männlichen oder weiblichen Geschlecht auch dauerhaft unmöglich sein kann.

Die neue Vorschrift ist teilweise kritisiert worden, weil sie für intersexuelle Kinder angeblich das Offenlassen des Geschlechtseintrags zwingend vorschreibe und damit ihre Zwischengeschlechtlichkeit automatisch offenbare. Damit werde der Druck auf ihre Eltern, geschlechtsangleichende Operationen durchzuführen, sogar noch verstärkt.[46] Eine solche Lesart der Vorschrift beruht jedoch auf einem Missverständnis:

Nach Sinn und Zweck der Regelung sowie dem Willen des Gesetzgebers[47] eröffnet § 22 Abs. 3 PStG lediglich eine Option, zwingt aber keinesfalls dazu, bei der Geburt eines intersexuellen Kindes die Angabe der Geschlechtszugehörigkeit offenzulassen.[48]

Damit besteht bei der Geburt eines intersexuellen Kindes ein Wahlrecht, ob von der Möglichkeit des § 22 Abs. 3 PStG Gebrauch gemacht wird oder man sich – entsprechend der bisherigen Praxis – für eine Eintragung des „überwiegenden" Geschlechts entscheidet.[49] Vor diesem Hintergrund „kann" ein Kind nur dann nicht iSv § 22 Abs. 3 PStG dem weiblichen oder männlichen Geschlecht zugeordnet werden, wenn die Personensorgeberechtigten – nach Beratung durch ihre Ärzte – darauf verzichten, das überwiegende Geschlecht in das Personenstandsregister

---

45 *Helms*, FS Brudermüller, 2014, 301, 304; *Sieberichs*, FamRZ 2013, 1180, 1181.
46 Kritik wiedergegeben bei *Sieberichs*, FamRZ 2013, 1180, 1184.
47 MdB *Tauber*, Deutscher Bundestag, Plenarprotokoll 17/219 vom 31.1.2013, S. 27222 (C).
48 Der Deutsche Ethikrat hat hervorgehoben, dass ein schwerwiegender Konflikt auch dann entstehen kann, „wenn eine Person aufgrund körperlicher Merkmale als intersexuell klassifiziert wird, obwohl sie sich selbst eindeutig einem Geschlecht zugehörig fühlt und die körperliche Variation nicht für bedeutsam hält" (BT-Drucks. 17/9088, S. 9).
49 *Helms*, FS Brudermüller, 2014, 301, 304 f.; *Sieberichs*, FamRZ 2013, 1180, 1184.

eintragen zu lassen. Dreh- und Angelpunkt dafür sind die Angaben in der Geburtsanzeige.

Wurde die Geschlechtsangabe bei der Anmeldung der Geburt zunächst offengelassen, kann diese von den sorgeberechtigten Eltern durch Erklärung gegenüber dem Standesamt jederzeit nachgeholt werden. Nach § 27 Abs. 3 Nr. 4 PStG ist die nachträgliche Angabe des Geschlechts des Kindes als Folgebeurkundung zum Geburtseintrag aufzunehmen.[50] Voraussetzung dafür ist die Vorlage einer ärztlichen Bescheinigung.[51] Einer gerichtlichen Anordnung bedarf es nicht.[52] § 27 Abs. 3 Nr. 4 PStG gilt selbstverständlich auch dann, wenn das volljährig gewordene Kind sein bislang offengelassenes Geschlecht selbst gegenüber dem Standesamt anzeigt.[53]

Im Gesetz ausdrücklich geregelt sind damit zwei Fallkonstellationen. § 22 Abs. 3 PStG betrifft die Situation im Zeitpunkt der Geburt eines Kindes:

Wird in der Geburtsanzeige keine Angabe zum Geschlecht gemacht, erfolgt insofern keine Eintragung. § 27 Abs. 3 Nr. 4 PStG knüpft hieran an und erlaubt in einem solchen Fall eine nachträgliche Angabe.

Was aber ist mit den Fällen, in denen im Zeitpunkt der Geburt von einer eindeutigen Geschlechtszuordnung ausgegangen wurde und sich die Zwischengeschlechtlichkeit erst im Laufe der späteren Entwicklung offenbart hat? Das ist medizinisch durchaus nicht ungewöhnlich, wie die kurzen Ausführungen zu verschiedenen Varianten der Intersexualität gezeigt haben. Außerdem ist fraglich, welche Rechte Intersexuelle besitzen, die vor Inkrafttreten der Neuregelung geboren wurden und nach altem Recht gezwungen waren, sich dem einen oder anderen Geschlecht zuordnen zu lassen. Eine spezifische Regelung ist für diese Fälle im Gesetz nicht vorgesehen. Damit verbleibt es bei den allgemeinen Grundsätzen des Personenstandsrechts. Die Korrektur eines einmal bestimmten

---

50 Hierdurch wird der ursprüngliche Inhalt des Geburtseintrags geändert (§ 5 Abs. 2 PStG), *Gaaz/Bornhofen*, Personenstandsgesetz, 3. Aufl. 2014, § 27 PStG Rn. 4.
51 *Schmitz/Bornhofen/Müller*, Allgemeine Verwaltungsvorschrift zum Personenstandsgesetz, Stand: Mai 2014, Ergänzende Erläuterung zu § 22; *Bockstette*, StAZ 2013, 169, 172.
52 *Helms*, FS Brudermüller, 2014, 301, 305; *Sieberichs*, FamRZ 2013, 1180, 1184.
53 Die Wahl geschlechtsneutraler Vornamen ist zulässig (BVerfG NJW 2009, 663, 664 = StAZ 2009, 76, 78). Wurde dem Betreffenden jedoch irrtümlich ein zum Geschlecht nicht passender Name erteilt, besteht die Möglichkeit, den Namen durch Erklärung gegenüber dem Standesamt zu ändern, vgl. OLG Köln NJW 1961, 1023; AG Mönchengladbach StAZ 2015, 21; a.A. *Gaaz/Bornhofen*, 3. Aufl. 2014, § 27 PStG Rn. 94 (behördliche Namensänderung erforderlich).

Geschlechts ist nur als Personenstandsberichtigung möglich.[54] Solche Fälle haben auch schon vor der PStG-Reform gelegentlich die Gerichte beschäftigt, dabei ging es allerdings um den Wechsel zwischen männlichem und weiblichem Geschlecht.[55] Nunmehr stellt sich die Frage, ob durch eine Berichtigung auch das nachträgliche Offenlassen der Geschlechtsangabe erreicht werden kann. Meines Erachtens steht dem nichts entgegen:

> Hätte der Standesbeamte bereits bei der Geburt gewusst, dass die betreffende Person weder dem weiblichen noch dem männlichen Geschlecht zugeordnet werden kann, wäre für das Kind kein Geschlecht eingetragen worden. Außerdem würde es gegen den Grundsatz der Gleichbehandlung verstoßen, wenn der Zugang zu einem „offenen" Geschlechtseintrag nur manchen Intersexuellen gewährt würde, demgegenüber anderen von vornherein versperrt wäre.[56]

Voraussetzung für die Berichtigung einer Registereintragung ist grundsätzlich, dass die Geschlechtszuordnung bereits im Zeitpunkt der Geburt unrichtig war.[57] Die Anwendung dieses Maßstabs auf den vorliegenden Fall bereitet allerdings einige Schwierigkeiten, denn der Geschlechtszuordnung von Intersexuellen haftet stets etwas Spekulatives an. Ex ante müssen die Eltern nach bestem Wissen und Gewissen eine Ermessensentscheidung treffen, die sich ex post aus Sicht des Betroffenen als unpassend erweisen kann. Ob die Entscheidung der Eltern im Zeitpunkt der Geburt „richtig" oder „falsch" war, lässt sich sinnvollerweise nicht überprüfen. Vielmehr muss es für eine Berichtigung ausreichen, dass neue medizinische oder psychologische Informationen und Erkenntnisse vorliegen und sich nunmehr zeigt, dass die betreffende Person aufgrund ihrer körperlichen Charakteristika und ihrer Selbstwahrnehmung weder dem weiblichen noch dem männlichen Geschlecht eindeutig zugeordnet werden kann. Dabei muss der in der personenstandsrechtlichen Rechtsprechung anerkannte Grundsatz beachtet werden, dass bei Intersexuellen für die Geschlechtszuordnung deren „seelischen

---

54 IdR wird eine gerichtliche Entscheidung nach § 48 PStG erforderlich sein, soweit keine „berichtigende Mitteilung" iSv § 47 Abs. 2 Nr. 1 PStG den Standesbeamten zur eigenständigen Korrektur ermächtigt, dies dürfte nur dann der Fall sein, wenn bei der ursprünglichen Geburtsanzeige ein Schreib- oder Kommunikationsfehler unterlaufen ist (*Gaaz/Bornhofen*, 3. Aufl. 2014, § 47 PStG Rn. 26). Demgegenüber will *Theilen*, StAZ 2014, 1, 4 wohl stets eine einfache Berichtigung ohne Mitwirkung eines Gerichts nach § 47 Abs. 2 Nr. 1 PStG zulassen.
55 OLG Naumburg StAZ 2002, 169, 170; LG Frankenthal FamRZ 1976, 214, 215; AG Freiburg StAZ 1983, 16 f.; AG Hannover StAZ 1981, 240; *Coester-Waltjen*, JZ 2010, 852, 855; *Grünberger*, StAZ 2007, 357, 358.
56 *Sieberichs*, FamRZ 2013, 1180, 1184; vgl. auch OLG Celle StAZ 2015, 107, 108 (obiter dictum).
57 OLG Naumburg, StAZ 2002, 169, 170; *Johannsen/Sachse*, Anweisungs- und Berichtigungsverfahren in Personenstandssachen, 1996, Rn. 202.

Neigungen [...] besondere Bedeutung" zukommt.[58] Ist die biologische Geschlechtszugehörigkeit demgegenüber eindeutig und fühlt sich die betreffende Person lediglich psychisch weder als Mann noch als Frau, kommt eine Personenstandsberichtigung nicht in Frage. Diese Fälle unterfallen der Logik des Transsexuellengesetzes (§ 8 Abs. 1 TSG), das aber bislang nur den Wechsel zwischen dem männlichen und weiblichen Geschlecht zulässt.[59]

Wie viele Personen von der neuen Option in den ersten 9 bis 10 Monaten seit Inkrafttreten des Gesetzes Gebrauch gemacht haben, hat das Bundesinnenministerium in einer Erhebung bei den Standesämtern ermittelt:

Danach wurde in diesem Zeitraum neunmal das Geschlecht eines Kindes in der Geburtsanzeige als nicht feststellbar im Sinne des § 22 Abs. 3 PStG angezeigt und dann in acht Fällen der Geschlechtseintrag des Kindes auch tatsächlich offengelassen, wobei in fünf dieser Fälle in den nächsten Monaten eine Angabe des Geschlechts nachgeholt wurde. Darüber hinaus wurde viermal die nachträgliche Freistellung des Geschlechtseintrags von Personen beantragt, die bereits einen eindeutigen Geschlechtseintrag aufwiesen, wobei dem Antrag in drei Fällen im Wege der Personenstandsberichtigung entsprochen wurde.[60]

Spontan wird man sich fragen, ob bei lediglich einem Dutzend Anwendungsfällen die von *Prantl* apostrophierte juristische Revolution wirklich stattgefunden hat und ob der Gesetzgeber nicht lieber den guten Ratschlag der klassischen Juristen hätte befolgen sollen: „Quod raro fit, non observant legislatores" („Was selten vorkommt, berücksichtigen die Gesetzgeber nicht").[61] Bei der Bewertung muss jedoch beachtet werden, dass diese erste Statistik nichts darüber aussagt, wie viele Intersexuelle tatsächlich in Deutschland leben. Die eingangs erwähnte Schätzung von 150 bis 340 Geburten intersexueller Kinder pro Jahr wird durch die bisher verfügbaren Zahlen keineswegs in Frage gestellt. Denn auch die Ärzte, die sich kritisch mit den bisherigen Behandlungsempfehlungen auseinandersetzen, raten den Eltern nach wie vor, ein Geschlecht für ihr Kind „als Arbeitshypothese" auszuwählen, um die Integration in die binäre Geschlechterordnung unserer Gesellschaft zu erleichtern.[62] Allerdings wird mittlerweile, wenn auch zurückhaltend, in einzelnen Fällen ein Offenlassen des Geschlechtseintrags empfohlen.

---

58 Vgl. dazu die Nachweise in Fn. 42.

59 Daher für eine analoge Anwendung *Theilen*, StAZ 2014, 1, 4. Der Deutsche Ethikrat weist darauf hin, dass es „auch (als transsexuell eingeordnete) Personen [gibt], die sich ohne entsprechende DSD-Diagnose als intersexuell bezeichnen" (Stellungnahme, BT-Drucks. 17/9088, S. 10).

60 Ich danke Herrn Dr. Schmitz und Frau Dr. Berkl aus dem Bundesministerium des Inneren für die Zurverfügungstellung der Daten.

61 Hierzu im vorliegenden Zusammenhang *Wacke*, FS Rebmann, 1989, S. 869.

62 *Sinnecker*, Kinder- und Jugendarzt, 2014, 24, 35.

In einem aktuellen Beitrag der Fachzeitschrift „Kinder- und Jugendarzt", der in diesem Zusammenhang im Übrigen auch ausdrücklich auf den neuen § 22 Abs. 3 PStG Bezug nimmt, heißt es:

> In Einzelfällen, in denen eine Zuordnung zum männlichen oder weiblichen Geschlecht überhaupt nicht sicher möglich ist, sollte die Möglichkeit bedacht werden, diese Entscheidung offenzulassen und die tatsächliche weitere Entwicklung des Kindes zu beobachten. Dieser Weg bedarf einer sehr guten Aufklärung und Unterstützung der Eltern, kann aber besser sein, als eine Fehlentscheidung später korrigieren zu müssen.[63]

Erste positive Erfahrungsberichte von Eltern, die bereits vor der PStG-Reform im sozialen Verkehr das Geschlecht ihres Kindes offengelassen haben, liegen vor.[64] Hier ist ein Diskussions- und Entwicklungsprozess angestoßen worden, dessen Ausgang nicht abzusehen ist. Es spricht einiges dafür, dass in Zukunft die Zahl der Eltern steigen wird, die sich dafür entscheiden, von der Option des § 22 Abs. 3 PStG Gebrauch zu machen, doch würde ich vermuten, dass es sich weiterhin um eine Minderheit handeln wird.

III Familienrechtlicher Status von Personen mit offenem Geschlechtseintrag

Auch wenn die Fallzahlen bislang sehr gering sind, besitzt § 22 Abs. 3 PStG eine gewisse Sprengkraft. Denn die Vorschrift zwingt dazu, nach wie vor existierende geschlechtsspezifische Differenzierungen kritisch zu überdenken. § 22 Abs. 3 PStG hat – normativ gesehen – keine neue Geschlechterkategorie, also kein drittes Geschlecht in unsere Rechtsordnung eingeführt.[65] Doch eröffnet der Gesetzgeber faktisch die Möglichkeit, den Geschlechtseintrag dauerhaft offenzulassen. Damit

---

63 *Sinnecker*, Kinder- und Jugendarzt, 2014, 24, 35.

64 Stellungnahme von *Kriegler*, Vertreterin der Elterngruppe der XY-Frauen für die Anhörung im Deutschen Bundestag am 25. Juni 2012 zum Thema „Intersexualität", Ausschuss für Familie, Senioren, Frauen und Jugend, Ausschussdrucksache 17 (13) 181 f.

65 Vgl. etwa *Kohler*, JZ 2014, 459, 461: „Obgleich man Intersexualität vielleicht nicht als ein im Rechtssinn drittes Geschlecht ansehen mag, so ist die intersexuelle Person gewiss nicht als mann- oder fraugleich einzuordnen." *Sieberichs*, FamRZ 2013, 1180, 1181: „Wenn es aber möglich wird, einen Menschen nicht nur vorübergehend, sondern zeitlebens weder dem männlichen noch dem weiblichen Geschlecht zuzuordnen, dann ergibt sich daraus ein eigener Status. Der Ansatz des Gesetzgebers führt dazu, dass dieser Status kein „drittes Geschlecht" ist, sondern ein Status der rechtlichen „Geschlechtlosigkeit" (schlägt dafür die Bezeichnung „unbestimmtes Geschlecht" vor). *Prantl* SZ vom 16. August 2013: „Vom dritten Geschlecht sprechen die Juristen nicht ausdrücklich, faktisch handelt es sich aber genau darum."

drängt sich die Frage auf, inwieweit die Geschlechtszuordnung nach wie vor eine unabdingbare rechtliche Weichenstellung darstellt und damit ein indirekter Zwang entstehen kann, sich doch auf ein Geschlecht festzulegen. Ein solcher Druck könnte verfassungsrechtlich problematisch sein, wenn man bedenkt, dass das Bundesverfassungsgericht in seiner Transsexuellen-Rechtsprechung hervorgehoben hat, dass es der „Menschenwürde in Verbindung mit dem Grundrecht auf Schutz der Persönlichkeit" widerspricht, wenn jemand einer Geschlechtskategorie zugeordnet wird, obwohl diese „nachhaltig in Widerspruch" zum „eigenen Geschlechtsempfinden" steht.[66] Diese verfassungsrechtliche Problematik möchte ich nicht weiter vertiefen. Denn Gegenstand des Beitrags ist ja die Frage, welche Reformschritte unternommen werden können, um Inkonsistenzen im deutschen Recht zu vermeiden. Dass einer Reform des Personenstandsrechts auch eine kritische Durchsicht vor allem des Familienrechts folgen muss, wurde schon im Gesetzgebungsverfahren zum neuen § 22 Abs. 3 PStG ausdrücklich hervorgehoben.[67]

1 Recht der Paarbeziehungen

Zwar wird dies im Gesetz nirgendwo ausdrücklich ausgesprochen, doch besteht Einigkeit darüber, dass eine Ehe nach geltendem Recht nur zwischen Mann und Frau geschlossen werden kann.[68] Auch das Institut der eingetragenen Lebenspartnerschaft trägt den Bedürfnissen von Intersexuellen, die sich für keine Geschlechtszuordnung entschieden haben, nicht Rechnung. Denn eine Lebenspartnerschaft kann nach § 1 LPartG nur von „Personen gleichen Geschlechts" begründet werden. De lege ferenda[69] könnte klargestellt werden, unter welchen Voraussetzungen Intersexuellen auch ohne Festlegung auf ein bestimmtes Geschlecht der Zugang zur Ehe bzw. Lebenspartnerschaft eröffnet werden sollte.

---

66 BVerfG StAZ 2011, 141, 144; BVerfGE 116, 243, 264 = StAZ 2007, 9, 15.

67 MdB *Tauber*, Deutscher Bundestag, Plenarprotokoll 17/219 vom 31.1.2013, S. 27222 (D).

68 Wird gegen diesen Grundsatz verstoßen, so handelt es sich nach deutschem Recht um eine Nichtehe, die keinerlei rechtliche Wirkungen entfaltet: KG StAZ 1994, 220; OLG Köln NJW 1993, 1997 = StAZ 1993, 147.

69 Auch *Sieberichs*, FamRZ 2013, 1180, 1183 hält in dieser Frage eine Lösung de lege lata im Wege der Auslegung nicht für möglich; demgegenüber will *Theilen*, StAZ 2014, 1, 6 f. intersexuellen Personen bereits de lege lata ein Wahlrecht zwischen Ehe und eingetragener Lebenspartnerschaft einräumen.

Stellt man sich allerdings die konkrete Frage, welche Form der Paarbeziehung etwa für die Verbindung eines Mannes mit einem Intersexuellen angemessen ist, fällt die Antwort schwer:

Ist in einem solchen Fall die Ehe oder die Lebenspartnerschaft der geeignete rechtliche Rahmen? Denkbar wäre es, die eingetragene Lebenspartnerschaft allen Paaren zu eröffnen, denen aufgrund ihrer „Geschlechterkombination" das Institut der Ehe versperrt ist.[70]

Aber wäre dies wirklich eine angemessene Lösung? Wenn wir nur das Institut der Ehe kennen würden, gäbe es vor dem Hintergrund des Grundrechts auf Eheschließungsfreiheit wohl kaum Bedenken, Intersexuellen die Eheschließung zu erlauben.[71] Das Prinzip der Verschiedengeschlechtlichkeit der Ehepartner würde dadurch nicht wirklich in Frage gestellt. Auch historisch gesehen war sog. „Zwittern" die Schließung einer Ehe keineswegs generell untersagt.[72]

Erledigen würde sich jede Diskussion über die spezifische Stellung Intersexueller im Recht der Paarbeziehungen, wenn man dem Vorbild einer zunehmenden Anzahl westeuropäischer Staaten folgen würde und die Ehe für alle zuließe.

In Europa ist dies nach derzeitigem Stand der Fall in Portugal, Spanien, Frankreich, Luxemburg, Belgien, den Niederlanden, England und Wales, Schottland, Island, Dänemark, Norwegen und Schweden. Betrachtet man die Entwicklung der deutschen eingetragenen Lebenspartnerschaft aus historischer Perspektive, dürfte sich ein solcher Schritt auch in Deutschland über kurz oder lang aufdrängen.[73]

---

70 So noch der Vorschlag von *Helms*, FS Brudermüller, 2014, 301, 306.
71 So auch *Theilen*, StAZ 2014, 1, 7.
72 Das kanonische Recht forderte, dass sich der „Zwitter" zu einem Geschlecht bekannte und schwor, dass er von dem anderen keinen Gebrauch machte, *Wacke*, FS Rebmann, 1989, S. 884 ff.
73 Vgl. aus jüngerer Zeit auch die Forderung etwa von *Bömelburg*, NJW 2012, 2753, 2758 und *Sanders*, NJW 2013, 2236, 2239; zur Frage, ob dafür eine Änderung des Grundgesetzes erforderlich ist, *Brosius-Gersdorf*, FamFR 2013, 169, 171 f. mwN. Nicht verallgemeinerungsfähig ist BVerfGE 121, 175 ff., wonach es unzumutbar ist, dass § 8 Abs. 1 Nr. 2 TSG als Voraussetzung für eine gerichtliche Änderung der Geschlechtszugehörigkeit verlangte, dass der Betroffene nicht verheiratet ist, denn hier ging es um eine Abwägung mit dem aus Art. 6 Abs. 1 GG resultierenden Schutz einer bereits bestehenden Ehe.

Dies wird deutlich, wenn man sich einige Eckpunkte der rasant verlaufenen Entwicklung in Erinnerung ruft: Als nach dem Regierungswechsel im September 1998 das Projekt eines Lebenspartnerschaftsgesetzes auf die Agenda gesetzt wurde, gab es viele warnende Stimmen, die einen Verstoß gegen Art. 6 Abs. 1 GG befürchteten. Soweit Art. 6 Abs. 1 GG die „Ehe" unter den besonderen Schutz des Staates stellt, ist es grundsätzlich unstreitig, dass damit nur verschiedenge-schlechtliche Ehen gemeint sind.

Hieraus leitete die damalige Verfassungsrechtslehre überwiegend ein sog. Abstandsgebot ab:[74] Danach müsste zwischen einem familienrechtlichen Rechtsinstitut für gleichgeschlechtliche Paare und der Ehe ein deutlicher „Ab-stand" bestehen, die Rechtswirkungen dürften sich also nicht zu ähnlich sein.

Als dann nach Inkrafttreten des Lebenspartnerschaftsgesetzes zum 1. August 2001[75] das BVerfG angerufen wurde, stellte dieses ziemlich lapidar fest, es gäbe von Verfassungs wegen kein Abstandsgebot: Der besondere Schutz der Ehe werde durch die Einführung eines Rechtsinstituts für gleichgeschlechtliche Paare nicht in Frage gestellt.[76] Art. 6 Abs. 1 GG hindere den Gesetzgeber daher nicht, für gleichgeschlechtliche Paare ein Rechtsinstitut zu schaffen, das der Ehe nahe- oder gleichkommt.[77] Bekanntlich wurde diese Entscheidung vom Gesetzgeber genutzt, um die ursprünglich – aus Angst vor einer verfassungsrechtlichen Missbilligung künstlich – aufgebauten Differenzen zwischen Ehe und eingetragener Lebens-partnerschaft zum 1. Januar 2005[78] schon wieder ein gutes Stück weit zu eli-mi-nieren. Die verbleibenden Unterschiede, die vor allem in beamten-, sozial- und steuerrechtlicher Hinsicht bestanden, wurden dann in den letzten Jahren mit Hilfe des Gleichheitssatzes immer weiter abgeschliffen. Einen wichtigen Impuls gab die Maruko-Entscheidung des Europäischen Gerichtshofs vom 1. April 2008[79] zur deutschen betrieblichen Hinterbliebenenversorgung. Im Anschluss hieran hat das Bundesverfassungsgericht die Ungleichbehandlung von eingetragenen Lebens-partnern und Eheleuten in einer Vielzahl von Entscheidungen als unzulässige

---

74 *Scholz/Uhle*, NJW 2001, 393, 398 f.; *Krings*, ZRP 2000, 409, 411 ff.; *Burgi*, Der Staat 39 (2000) 487, 501 ff.; weniger streng *Robbers*, JZ 2001, 779, 783 f.
75 Gesetz zur Beendigung der Diskriminierung gleichgeschlechtlicher Gemeinschaften: Le-benspartnerschaften vom 16.2.2001, BGBl. I, S. 266.
76 BVerfG FamRZ 2002, 1169, 1172.
77 BVerfG FamRZ 2002, 1169 ff.
78 Gesetz zur Überarbeitung des Lebenspartnerschaftsrechts vom 15.12.2004, BGBl. I, S. 3396.
79 EuGH 1.4.2008, Rs. C-267/06 – Tadao Maruko/Versorgungsanstalt der deutschen Bühnen, NJW 2008, 1649; vgl. auch EuGH 10.5.2011, Rs. C-147/08 – Römer/Freie und Hansestadt Hamburg, NJW 2011, 2187 (Zusatzversorgung).

Diskriminierung gewertet,[80] vorläufiger Schlusspunkt waren die Entscheidungen vom 19. Februar 2013 zur Sukzessivadoption[81] sowie vom 7. Mai 2013 zum Ehegattensplitting.[82] Verbleibende Unterschiede muss man nunmehr mit der Lupe suchen.

2 Abstammungsrecht

Schwerer zu beantworten ist die Frage, ob auch im Abstammungsrecht die Geschlechtszugehörigkeit vollkommen ignoriert werden kann. Keine Probleme bereitet dabei allerdings die mütterliche Abstammung:

Zwar heißt es in § 1591 BGB: „Mutter eines Kindes ist die Frau, die es geboren hat", doch bestehen keine Schwierigkeiten, im Wege teleologischer Auslegung die Norm auf Personen anzuwenden, deren Geschlechtszuordnung offen ist, soweit sie nur das Kind geboren haben.[83]

Klärungsbedürftige Fragen wirft jedoch die väterliche Abstammung auf: Rechtlicher Vater eines Kindes ist nicht stets dessen Erzeuger. Vielmehr wird einem Kind in erster Linie der „Mann" als Vater zugeordnet, mit dem die Mutter im Zeitpunkt der Geburt verheiratet ist (§ 1592 Nr. 1 BGB). Ist sie nicht verheiratet, ist rechtlicher Vater eines Kindes grundsätzlich der „Mann", der die Vaterschaft für das Kind freiwillig anerkennt (§ 1592 Nr. 2 BGB). Zwar geht das Gesetz in beiden Fällen davon aus, dass im Regelfall rechtliche und biologische Vaterschaft übereinstimmen, doch wird in Kauf genommen, dass es Konstellationen gibt, in denen das nicht der Fall ist. Als Ausgleich wird den primär betroffenen Familienmitgliedern das Recht eingeräumt, die biologisch unzutreffende rechtliche Vaterschaft innerhalb bestimmter Fristen wieder anzufechten (§§ 1600 ff. BGB).

---

80 Vgl. nur BVerfGE 124, 199 ff. (betriebliche Hinterbliebenenversorgung); BVerfGE 126, 400 ff. (Erbschafts- und Schenkungssteuerrecht); BVerfG NJW 2012, 2719 (Grunderwerbsteuer); BVerfG FamRZ 2012, 1472 (Familienzuschlag); BVerwG NVwZ 2011, 499 (beamtenrechtliche Hinterbliebenenversorgung) sowie bereits BAGE 110, 277 (Ortszuschlag nach BAT).
81 BVerfG NJW 2013, 847 ff.
82 BVerfG NJW 2013, 2257 ff.
83 So auch *Sieberichs*, FamRZ 2013, 1180, 1182.

Allerdings besteht eine gravierende Einschränkung für den (nur) biologischen Vater: Nach § 1600 Abs. 2 und 4 BGB besitzt er nur dann ein Recht zur Vaterschaftsanfechtung, wenn zwischen dem Kind und seinem rechtlichen Vater keine sozial-familiäre Beziehung besteht (§ 1600 Abs. 2 BGB). Greifen die vorgenannten Zuordnungskriterien nicht ein, wird als rechtlicher Vater derjenige gerichtlich festgestellt, von dem das Kind genetisch abstammt (§ 1592 Nr. 3 BGB).

Die Regeln des deutschen Abstammungsrechts stellen einen Kompromiss zwischen biologischen und sozialen Zuordnungskriterien dar. Dabei hat historisch gesehen – entsprechend der Tendenz in anderen europäischen Rechtsordnungen – die biologische Abstammung immer mehr an Bedeutung gewonnen.[84] Stellt man sich nun die Frage, ob das Abstammungsrecht das Geschlecht des „Vaters" ignorieren sollte, so sind die Fälle unproblematisch, in denen ein Intersexueller biologischer Vater eines Kindes ist.

Bereits de lege lata bestehen keine Schwierigkeiten, sich etwa über den Wortlaut von § 1592 Nr. 3 BGB im Wege teleologischer Auslegung hinwegzusetzen und eine gerichtliche Vaterschaftsfeststellung auch durch oder gegen einen intersexuellen Erzeuger zuzulassen.[85] Fraglich erscheint aber, ob einem Intersexuellen ohne Geschlechtszuordnung die Möglichkeit eröffnet werden sollte, die Vaterschaft für ein Kind anzuerkennen, das nicht von ihm abstammt.

Dabei muss – wie erwähnt – bedacht werden, dass der wirkliche Erzeuger nicht stets das Recht hätte, diese Vater-Kind-Zuordnung anzufechten. Die Möglichkeit zur „Vaterschaftsanerkennung" besteht nach geltendem Recht auch nicht, wenn die Mutter eines Kindes eine gleichgeschlechtliche Partnerin hat.[86] Vielmehr wird gleichgeschlechtlichen Paaren der Weg zur gemeinsamen Elternschaft nur durch eine (Stiefkind-)Adoption eröffnet (§ 9 Abs. 7 LPartG). Diese setzt aber die Zustimmung auch des anderen leiblichen Elternteils voraus (§ 1749 Abs. 1 BGB).[87] De lege lata wird man Intersexuelle ohne Geschlechtseintrag wohl ebenfalls auf diesen Weg verweisen müssen.

---

84 Vgl. dazu etwa *Helms*, FamRZ 2010, 1 ff.

85 So auch *Sieberichs*, FamRZ 2013, 1180, 1182.

86 Es gibt auch keine – vergleichbar mit der Ehe – automatische Zuordnung zur eingetragenen Lebenspartnerin der Mutter. Diese Regelung hat das Bundesverfassungsgericht als verfassungskonform gebilligt (BVerfG FamRZ 2010, 1621, 1622).

87 Dass es auf das rechtliche Geschlecht und nicht auf die Zeugungsfähigkeit ankommt, zeigt sich auch daran, dass ein Frau-zu-Mann-Transsexueller die Vaterschaft für ein Kind wirksam anerkennen kann, zumindest wenn sein neues Geschlecht im Zeitpunkt der Geburt bereits rechtskräftig festgestellt war, Staudinger/*Rauscher*, Bearb. 2011, § 1591 BGB Rn. 35b; vgl. auch *Krömer*, StAZ 2002, 50.

Doch auch in dieser Frage ist Bewegung in die Diskussion gekommen:

Einige Rechtsordnungen, die die gleichgeschlechtliche Ehe oder eingetragene gleichge-schlechtliche Partnerschaft zulassen, sehen mittlerweile – unter bestimmten Voraussetzungen – eine gleichgeschlechtliche Elternschaft ohne vorherige Durchführung einer Adoption vor. In Europa gilt das für Spanien,[88] Belgien[89], die Niederlande[90], England und Wales,[91] Norwegen[92] und Schweden.[93] Eine Co-Mutterschaft tritt in diesen Rechtsordnungen entweder automatisch auf-grund des Bestehens einer gleichgeschlechtlichen Ehe oder eingetragenen Partnerschaft ein (also vergleichbar mit § 1592 Nr. 1 BGB). Oder die Co-Mutterschaft ist Folge einer einseitigen Erklärung der Partnerin (im Grunde vergleichbar einer Art Mutterschaftsanerkenntnis).[94] Das Geschlecht des neben die Geburtsmutter tretenden zweiten Elternteils spielt dann letztlich keine Rolle mehr.

In den meisten der genannten Rechtsordnungen beschränken sich diese „ge-schlechtsneutralen" Zuordnungsregeln bislang noch auf die Fälle einer künstli-chen Befruchtung mittels Samenspende.[95] Da der Samenspender als rechtlicher Elternteil nicht zur Verfügung steht, liegt es hier besonders nahe, das Kind auch ohne Adoption automatisch einem zweiten Elternteil zuzuordnen. Allerdings gehen beispielsweise das belgische und niederländische Recht über diese Fall-gruppe schon hinaus und erstrecken die Regeln über die Co-Mutterschaft auch auf Fälle natürlicher Zeugung.[96]

---

88 Art. 7 Abs. 3 Gesetz v. 26.5. 2006 über Techniken der künstlichen Fortpflanzung; *Ferrer i Riba*, FamRZ 2007, 1513, 1515.

89 Art. 325 – 1 ff. CC.

90 Vgl. dazu *Reuß*, StAZ 2015, 139 ff.

91 In England und Wales greift die Zuordnung zur Co-Mutter bei Vorliegen einer eingetragenen Partnerschaft oder einer gleichgeschlechtlichen Ehe, vgl. Sec. 42 Human Fertilisation and Em-bryology Act 2008.

92 § 3 Abs. 2 KinderG; vgl. *Ring/Olsen-Ring*, StAZ 2008, 304, 308 ff.; *Frantzen*, FamRZ 2008, 1707 f.

93 Kap. 1 § 9 Abs. 1 ElternG, vgl. *Jänterä-Jareborg*, FamRZ 2006, 1329 f. (in Schweden ist auch die Zustimmung der Geburtsmutter sowie der Sozialbehörde erforderlich).

94 So kann beispielsweise in Norwegen (§ 4 Abs. 6 KinderG; erforderlich ist, dass es sich um die „Lebenspartnerin der Mutter" (= sambuar) handelt, vgl. *Ring/Olsen-Ring*, StAZ 2008, 304, 308) und Schweden (erforderlich ist, dass die andere Frau mit der Mutter in einer rechtlich formalisierten Lebens- bzw. Haushaltsgemeinschaft zusammen lebt, vgl. *Singer* in: Spickhoff/Schwab/Henrich/Gottwald (Hrsg.) Streit um die Abstammung 2007, S. 147; *Jänterä-Jareborg*, FamRZ 2006, 1329 f.) sowie in England und Wales (Sec. 43 Human Fertilisation and Embryology Act 2008) auch eine nichteheliche Lebenspartnerin ein Kind anerkennen, das ihre Lebensgefährtin mit ihrer Einwil-ligung im Wege künstlicher Befruchtung zur Welt gebracht hat.

95 Norwegen: Art. 3 Abs. 2, 4 lit. a KinderG in der Fassung ab 1.1. 2009, vgl. dazu *Ring/Olsen-Ring*, StAZ 2008, 304, 308.

96 Dies gilt in den Niederlanden allerdings nur für die Anerkennung und gerichtliche Feststellung der Co-Mutterschaft, nicht aber für die automatische Zuordnung zur Partnerin der Geburtsmutter (*Reuß*, StAZ 2015, 139, 140 f.).

Dem deutschen Recht steht eine entsprechende Reformdiskussion in den nächsten Jahren bevor. Bis vor nicht gar nicht allzu langer Zeit war es Frauen, die in einer gleichgeschlechtlichen Partnerschaft leben, in Deutschland nach ärztlichem Standesrecht nicht möglich, eine künstliche Befruchtung mittels Samenspende durchführen zu lassen.[97] Auch wenn noch nicht alle Landesärztekammern ihre Richtlinien korrigiert haben, sollte aus rechtlicher Sicht Einigkeit bestehen, dass mittlerweile auch gleichgeschlechtlichen Paaren der Zugang zu den Methoden der medizinisch assistierten Reproduktion eröffnet ist.[98] Das ergibt sich aus der grundsätzlichen Akzeptanz gleichgeschlechtlicher Elternschaft, die nicht zuletzt in der Entscheidung des Bundesverfassungsgerichts zur Sukzessivadoption durch eingetragene Lebenspartner[99] zum Ausdruck kommt. Eröffnet man aber Frauen, die in einer gleichgeschlechtlichen Partnerschaft leben, den Zugang zur heterologen künstlichen Befruchtung mittels Samenspende, drängt sich die Frage auf, wie die abstammungsrechtliche Zuordnung des Kindes zur zweiten Frau, also zur Partnerin der Geburtsmutter erfolgen soll. Die Stiefkindadoption, die nach geltendem deutschen Recht der einzige Weg zur Begründung gleichgeschlechtlicher Elternschaft ist, erweist sich in diesem Fall[100] als unnötig schwerfällig. Damit wird sich auch in Deutschland die Frage stellen, ob in Fällen einer künstlichen Befruchtung mittels Samenspende oder sogar allgemein die traditionellen Regeln für die Vater-Kind-Zuordnung auch auf die Begründung einer Co-Mutterschaft erstreckt werden sollten. Eine (erneute) Reform des Abstammungsrechts steht also auf der Agenda, wie weit man dabei gehen wird, ist noch nicht absehbar. Sicher scheint mir aber zu sein, dass auch im Abstammungsrecht die Geschlechtszugehörigkeit als Differenzierungskriterium an Bedeutung verlieren wird.

---

97 Vgl. dazu *Helms*, in Röthel/Löhnig/Helms, Ehe, Familie, Abstammung – Blicke in die Zukunft, 2010, S. 51 ff.

98 So ÖVfGH, EuGRZ 2014, 345 ff. für die in Österreich zum damaligen Zeitpunk allein erlaubte intrauterine Insemination unter Berufung auf das in Art. 8 iVm Art. 14 EMRK verankerte Diskriminierungsverbot, wobei ausdrücklich offengelassen wird, ob das Gleiche für alleinstehende Frauen gilt (Rn. 45).

99 BVerfG FamRZ 2013, 521 ff. (insbes. Rn. 55 und 79 ff.).

100 Würde man demgegenüber die traditionelle Regel der Vaterschaftszuordnung aufgrund der Ehe mit der Mutter generell auf eingetragene Lebenspartnerschaften übertragen (das fordert etwa *Heiderhoff*, FamRZ 2013, 1212, 1213 f.; vgl. auch den weitreichenden Vorschlag von *Schwenzer*, Model Family Code 2006, S. 98 zur allgemeinen Anerkennung „intentionaler" Elternschaft), wäre damit eine markante Akzentverschiebung und eine deutliche Einschränkung des Abstammungsprinzips verbunden (*Gernhuber/Coester-Waltjen*, Familienrecht, 6. Aufl. 2010, § 52 Rn. 3). Auch hiergegen bestünden aus meiner Sicht keine Bedenken, wenn der biologische Vater ein genauso weites Anfechtungsrecht besitzen würde wie die anderen Beteiligten.

§ 3 Perspektive eines geschlechtsneutralen (Familien-)Rechts?

Würden meine Spekulationen zutreffen, dass wir im Recht der Paarbeziehungen schon relativ bald und im Abstammungsrecht zumindest auf lange Sicht ein geschlechtsneutrales Familienrecht besitzen werden, stellt sich natürlich die Frage, ob man dann nicht generell auf eine Festlegung des rechtlichen Geschlechts verzichten könnte. Welche Regeln würde es dann eigentlich noch geben, die zwingend an die Zugehörigkeit zu einem Geschlecht anknüpfen? Die Wehrpflicht, die nach Art. 12a GG nur Männer trifft, ist abgeschafft, und wegen unterschiedlicher Punktetabellen für Jungen und Mädchen bei den Bundesjugendspielen muss man wohl kaum das Geschlecht im Geburtenregister festhalten. Der Leistungssport verlässt sich übrigens schon seit Längerem nicht mehr auf Passdokumente, sondern nimmt in Zweifelsfällen eigene Tests vor.[101] So hat auch der deutsche Ethikrat in seiner Stellungnahme vom 14. Februar 2012 den Gesetzgeber zur Prüfung aufgefordert, ob eine Eintragung des Geschlechts im Personenstandsregister überhaupt noch notwendig sei.[102] Auch in der Wissenschaft wird mittlerweile die Vision eines geschlechtsneutralen Familienrechts (unter dem Schlagwort des „sexless family law") diskutiert.[103]

Nicht übersehen werden darf in diesem Zusammenhang allerdings die Internationalität von personenstandsrechtlichen Statusfragen: Selbst wenn es gelingen sollte, innerhalb der deutschen Rechtsordnung von jeder Differenzierung nach dem Geschlecht abzusehen, wäre es – angesichts des aktuellen Standes der internationalen Entwicklung im (Familien-)Recht – nicht sinnvoll, auf die Eintragung des Geschlechts im Personenstandsregister komplett zu verzichten: In Deutschland leben zum gegenwärtigen Zeitpunkt rund 7 Mio. Bürger mit (ausschließlich) ausländischer Staatsangehörigkeit, deren Personenstand sich nach den Regeln des deutschen internationalen Privatrechts in vielfacher Hinsicht nach ihrem (ausländischen) Heimatrecht bestimmt (vgl. etwa Art. 10, 13 Abs. 1, 19 Abs. 1 S. 2, 22 Abs. 1 EGBGB).[104] Selbst wenn also das deutsche (Familien-)Recht ge-

---

101 Vgl. http://de.wikipedia.org/wiki/Geschlechts%C3%BCberpr%C3%BCfung_beim_Sport# cite_ref-12 (zuletzt besucht am 23.3.2015).
102 BT-Drucks. 17/9088, S. 59 (Empfehlung Nr. 4 zum Personenstandsrecht).
103 Vgl. etwa *Büchler/Cottier*, Intersexualität, Transsexualität und das Recht, Freiburger FrauenStudien, Ausgabe 17 (2005) 115, 127 und 131 f.; *Adamietz*, APuZ 2012, 15, 21; skeptisch *Coester-Waltjen*, JZ 2010, 852, 856.
104 Auch wenn es hierfür keine ausdrückliche Kollisionsnorm gibt, entspricht es allgemeiner Auffassung, dass sich die Geschlechtszuordnung nach dem Personalstatut, d. h. nach dem Hei-

schlechtsneutral ausgestaltet würde, müssten deutsche Behörden und Gerichte weiterhin ausländisches Recht anwenden, in welchem die Geschlechtszuordnung auf absehbare Zeit eine Rolle spielen wird, so dass es schon aus diesem Grund nahe liegt, auch im Personenstandsregister weiterhin Angaben zum Geschlecht aufzunehmen. Vor allem aber nimmt die Mobilität deutscher Staatsbürger kontinuierlich zu. Muss ein Deutscher im Ausland – etwa im Zusammenhang mit einer Eheschließung, einer Adoption oder einer Vaterschaftsanerkennung – nach den dort geltenden Regeln[105] seine Geschlechtszugehörigkeit nachweisen, ist er darauf angewiesen, diesen Nachweis durch einen Auszug aus dem deutschen Personenstandsregister unschwer führen zu können.

Meines Erachtens sprechen diese international-privatrechtlichen Aspekte von vornherein gegen den generellen Verzicht auf die Eintragung des Geschlechts in den deutschen Personenstandsregistern – unabhängig davon, in welche Richtung sich die deutsche Rechtsordnung entwickeln wird.

---

matrecht des Betroffenen richtet (vgl. OLG Frankfurt StAZ 2005, 73, 74; OLG Karlsruhe StAZ 2003, 139; Präsidentin des KG StAZ 2002, 307, 308; *Gössl*, StAZ 2013, 301, 302 f.).
105 Schon das deutsche internationale Privatrecht beurteilt Fragen des Personenstandes nicht ausschließlich nach dem Heimatrecht, sondern sieht hilfsweise oder alternativ einen Rückgriff auf das Recht des gewöhnlichen Aufenthalts vor. Im internationalen Privatrecht anderer Rechtsordnungen steht das Recht des gewöhnlichen Aufenthalts noch stärker im Vordergrund.

§ 4 Eintragung eines dritten Geschlechts im Personenstandsregister?

Im Juli 2014 reichte eine Person namens Vanja den Antrag ein, in ihrem Geburtseintrag die Angabe „weiblich" zu streichen und stattdessen „inter/divers" einzutragen.[106] Die Ablehnung dieses Antrags seitens des Standesamtes wurde am 21. Januar 2015 durch das OLG Celle bestätigt.[107] Das Oberlandesgericht hat die Rechtsbeschwerde zum Bundesgerichtshof zugelassen. Die Antragstellerin, die offenbar von der Interessengemeinschaft „dritte Option" unterstützt wird, hat angekündigt, ihr Anliegen bis zum Bundesverfassungsgericht zu verfolgen. In der Sache macht die Antragstellerin geltend, sie habe einen Anspruch darauf, dass der Eintrag im Personenstandsregister ihre wahre Geschlechtsidentität widerspiegelt. Die Zuordnung zum männlichen oder weiblichen Geschlecht offenzulassen, werde ihrem Selbstverständnis nicht gerecht.[108] Auch der Deutsche Ethikrat hatte gefordert, für Intersexuelle nicht nur das (vorübergehende) Offenlassen des Geschlechtseintrags zuzulassen, sondern auch die Option vorzusehen, statt „weiblich" oder „männlich" die Bezeichnung „anderes" wählen zu können.[109]

Die Forderung zur Eintragung eines dritten Geschlechts im Personenstandsregister könnte sich auf die Rechtsprechung des Bundesverfassungsgerichts zur Rechtsstellung Transsexueller stützen, wie es offensichtlich auch die Antragstellerin Vanja getan hat.[110]

---

106 Klarstellend hält Nr. 21.4.3 der Allgemeinen Verwaltungsvorschrift zum PStG fest, dass das Geschlecht des Kindes mit „weiblich" oder „männlich" einzutragen ist. Andere Geschlechtsbezeichnungen wie „Zwitter", „Hermaphrodit", „intersexuell" oder „intrasexuell" können im Personenstandsregister nicht eingetragen werden (AG München StAZ 2002, 44, 45; LG München StAZ 2003, 303, 304 f.), dies wird nunmehr auch in Nr. 21.4.3 Satz 3 PStG-VwV ausdrücklich klargestellt; vgl. allerdings für die Geschlechtsangabe nach dem ZensG 2011 VG Hamburg StAZ 2012, 344, 345.
107 StAZ 2015, 107 mit abl. Anm. *Gössl* StAZ 2015, 171 ff.
108 Vgl. auch *Vöneky/Wilms*, Zur Situation von Menschen mit Intersexualität in Deutschland, Stellungnahme für den Deutschen Ethikrat vom 19. Mai 2011, S. 3 (http://www.ethikrat.org/dateien/pdf/voeneky-wilms-stellungnahme-intersexualitaet.pdf – zuletzt besucht am 23. 3. 2015): „Das rechtliche Erfassen eines potenziellen dritten Geschlechts als „weder-noch" erscheint nicht vertretbar. Eine solche Bezeichnung suggeriert ein rechtliches Nullum und spiegelt nicht ein Ergebnis des Prozesses der freien Entfaltung der Persönlichkeit wider."
109 Stellungnahme, BT-Drucks. 17/5528, S. 59 (Empfehlung Nr. 1 zum Personenstandsrecht).
110 Musterantrag von „dritte Option" auf Eintragung „inter/divers" im Personenstandsregister, S. 2 (http://dritte-option.de/wp-content/uploads/2014/07/Antrag.pdf – zuletzt besucht am 23. 3. 2015).

Dabei lautet eine vom Bundesverfassungsgericht stets wiederholte Formel:

> Die Menschenwürde und das Grundrecht auf freie Persönlichkeitsentfaltung gebieten [es], den Personenstand des Menschen dem Geschlecht zuzuordnen, dem er nach seiner psychischen und physischen Konstitution zugehört.[111]

Verabsolutiert man diese Aussage, so scheint es allein noch darum zu gehen, ob ein Antragsteller nachvollziehbar darlegen kann, er besitze eine bestimmte, dritte Geschlechtsidentität, die über die Ablehnung einer Zuordnung zum weiblichen oder männlichen Geschlecht hinausgehe.

Ein solches Verständnis würde den Aufgaben und Funktionen von Eintragungen im Personenstandsregister aber kaum gerecht. § 1 Abs. 1 S. 1 PStG definiert den Personenstand, die Vorschrift lautet:

> Personenstand im Sinne dieses Gesetzes ist die sich aus den Merkmalen des Familienrechts ergebende Stellung einer Person innerhalb der Rechtsordnung.

Diese Definition zeigt zunächst einmal, dass Eintragungen in Personenstandsregistern eine dienende Funktion haben, sie enthalten Angaben, die nach den Regeln des materiellen Familienrechts grundlegende Bedeutung für die persönliche Rechtsstellung besitzen. Solange aber das materielle Familienrecht keine spezifischen Regeln für das Geschlecht „intersex/divers" bereithält, macht eine entsprechende Angabe im Personenstandsregister keinen Sinn.

Außerdem sind Eintragungen im Personenstandsregister keine reinen Tatsachenangaben, sondern normativ geprägt. Wer beispielsweise als Vater eines Kindes im Geburtenregister einzutragen ist, hängt nicht von der genetischen Abstammung ab, sondern von den Regeln des § 1592 BGB.

Darüber hinaus sind die Auswirkungen von Personenstandseintragungen auf die Selbstdarstellung des Einzelnen in der Öffentlichkeit beschränkt: Im Allgemeinen besteht keine Rechtspflicht, sich im Sozial- oder Geschäftsverkehr mit den Angaben zu identifizieren, die im Personenstandsregister enthalten sind. So hat das Bundesverfassungsgericht hervorgehoben, dass es grundsätzlich jedermann unbenommen ist, unter einem selbst gewählten Namen aufzutreten, soweit nicht ausnahmsweise gegenüber Behörden eine Pflicht zur Führung des vollständigen Namens gesetzlich vorgeschrieben ist.[112]

Meines Erachtens werden die Aussagen des Bundesverfassungsgerichts zum Transsexuellenrecht überstrapaziert, wenn man aus ihnen das Recht zur belie-

---

111 BVerfGE 49, 286, 298; vgl. etwa auch BVerfGE 121, 175, 190 f.; BVerfG StAZ 2011, 141, 144.
112 BVerfGE 78, 38, 51 f.

bigen Selbstdefinition der Geschlechtszuordnung ableiten würde. Die bisherige Rechtsprechung des Bundesverfassungsgerichts bezieht sich auf den Wechsel zwischen männlichem und weiblichem Geschlecht. Der Unterschied zur Intersexualität besteht nicht nur darin, dass „männlich" und „weiblich" Kategorien des materiellen Familienrechts sind, vielmehr gibt es für das weibliche und männliche Geschlecht auch gesellschaftliche Rollenmodelle. Den Entscheidungen des Bundesverfassungsgerichts zur Transsexualität liegt auch das Anliegen zugrunde, dass durch den rechtlichen Wechsel zum selbstempfundenen Geschlecht die soziale Zugehörigkeit zur betreffenden Personengruppe bestätigt und verstärkt werden kann. Das eigentliche Problem von Intersexuellen ist aber, dass es allgemein akzeptierte Rollenvorbilder in der sozialen Wirklichkeit noch nicht gibt, eine amtlich akzeptierte Selbstzuschreibung als „intersex/divers" vermag an dem Problem, sich in eine binär geprägte gesellschaftliche und soziale Geschlechterordnung einfügen zu müssen,[113] kaum etwas zu ändern.

Gäbe man den hier in den Vordergrund gestellten Zusammenhang zwischen materiellem Familienrecht und formalem Registerrecht auf, müsste die Angabe zum Geschlecht im Grunde von allen gesetzlichen Vorgaben befreit und in das Belieben des Bürgers gestellt werden. Bei einer Umfrage des Deutschen Ethikrats unter Intersexuellen nach der gewünschten Benennung der eigenen Geschlechtsidentität gaben 50 % die weibliche und 10 % die männliche Identität an, der Rest sprach sich für eine andere Bezeichnung aus: 10 % intersexuell, 6 % keine Benennung, jeweils wenige: Zwitter, Hermaphrodit, Mensch, transidenter Mensch.[114] Offenbar sind die Geschlechtskategorien, die zwischen den beiden Polen „eindeutig weiblich" und „eindeutig männlich" liegen, nicht scharf konturiert. Ich halte es daher für gut vertretbar, dass der Gesetzgeber sich darauf beschränkt hat, das – auch dauerhafte – Offenlassen des Geschlechtseintrags zu ermöglichen, um auf diese Weise der besonderen Situation von Intersexuellen Rechnung zu tragen.[115]

---

113 Vgl. den Musterantrag von „dritte Option" auf Eintragung „inter/divers" im Personenstandsregister, S. 2: „Es ist aber so, dass mir quasi ständig gesagt wird, dass es mich nicht gibt. Wenn ich mich überall als Mann oder Frau zu erkennen geben muss – egal ob jetzt im Sportverein, in der öffentlichen Toilette, im Kleidungsgeschäft oder beim Formular ausfüllen. Es fühlt sich dann an, als würde ich mich jedes Mal ein Stück weit verleugnen [...]."
114 BT-Drucks. 17/9088, S. 26.
115 So auch *Theilen*, StAZ 2014, 1, 3.

§ 5 Zusammenfassung

§ 22 Abs. 3 PStG hat juristisch gesehen kein drittes Geschlecht in das deutsche Recht eingeführt, denn bei der Vorschrift handelt es sich um bloßes Registerrecht. Die Funktion des Personenstandsregisters ist es lediglich, grundlegende materiellrechtliche Weichenstellungen widerzuspiegeln. Im materiellen Recht existieren aber keine Regeln, die an ein drittes Geschlecht anknüpfen. Was § 22 Abs. 3 PStG ermöglicht, ist der Verzicht auf die Festlegung eines rechtlichen Geschlechts. Bezeichnen könnte man dies mit *Sieberichs* als unbestimmtes[116] oder offenes Geschlecht.

Die zentrale Herausforderung für das Familienrecht besteht nicht darin, einen Sonderstatus für ein drittes Geschlecht zu schaffen. Vielmehr ist de lege ferenda zu prüfen, ob die wenigen verbliebenen Regeln, die noch an das Geschlecht anknüpfen, sinnvoll sind. Dabei wurde gezeigt, dass es ohnehin im Zug der Zeit liegt, im Familienrecht auf Differenzierungen nach dem Geschlecht zu verzichten.

Einen Anspruch auf Eintragung einer weiteren Geschlechtsbezeichnung gibt es nach der hier vertretenen Ansicht von Verfassungs wegen nicht. Angesichts der Funktion des Personenstandsregisters wäre die einfachgesetzliche Einführung eines solchen Anspruchs auch nicht sinnvoll.

---

116 *Sieberichs*, FamRZ 2013, 1180, 1181.

Schriftenreihe der Juristischen Gesellschaft zu Berlin

Mitglieder der Gesellschaft erhalten eine Ermäßigung von 40 %

www.ingramcontent.com/pod-product-compliance
Lightning Source LLC
Chambersburg PA
CBHW031815190326
41518CB00006B/343